땅을 두드리는 빗소리

바디튜니스트의 감성시

땅을 두드리는 빗소리

조문숙 첫 시집

머리말

노래를 잘 부르기 위해 시작한 성악 발성과 가곡을 배우며 시에 음표를 얹고 박자가 더해져 그 순간, 시가 노래가 되고 노래가 시가 되었습니다.

그러다 시를 소리 내어 낭송하게 되었고 낭송을 통해 시의 숨결과 리듬, 감정을 온몸으로 느끼게 되었습니다.

다른 이의 시를 내 목소리로 전하는 시간이 쌓이고 대지문학의 박종규 교수님께 지도를 받으며 내 안에 조용히 숨어 있던 시의 씨앗이 조금씩 움트기 시작했습니다.

그동안 무심히 지나쳤던 것들, 창밖의 빛, 스치는 바람, 사람의 눈빛, 몸의 기억들, 그 모든 게 시의 언어로 다시 말을 걸어 왔습니다.

시를 쓴다는 것은 나를 다시 바라보는 일이고 세상을 새롭게 듣는 일이며 삶을 천천히 매만지는 일이었습니다. 나의 말, 나의 리듬, 나의 숨으로 시를 쓰게 되었습니다.

처음엔 조심스럽게, 때론 숨죽이며 쓴 시들이 이제는 한 권의 시집으로 엮여 나와 마주하게 되었습니다.

이 시집은 노래의 숨결에서 시작해 시낭송의 울림을 지나 마침내 글로 피어난 저의 작은 여정이자 고백입니다.

당신의 마음에도 조용히 머물 수 있기를, 당신만의 목소리로 다시 낭송되기를 바라는 마음으로 건넵니다.

**2025년 7월 폭염이 계속되던 날
시인 마리안느 조문숙**

차 례

머리말/ 4
제1부 먼 곳에 있는 너에게/ 11

봄비/ 13
처음 부르는 노래 연주회/ 14
깔닥깔닥/ 16
쉼표/ 17
지하철 급행/ 18
거북목/ 19
초대/ 20
너를 보는 순간/ 22
함께라면/ 24
먼 곳에 있는 너에게/ 26
비아트리스에게/ 28
차 한잔/ 30
눈부신 하루/ 32

제2부 **몸의 노래 바디튜닝**/ 35

물결/ 37
몸의 노래 바디튜닝/ 38
조용한 조율/ 40
당신의 몸 당신의 마음/ 42
작은 결절, 작은 숨결/ 44
비대칭/ 46
고개 숙인 나에게/ 48
맘의 자유/ 50
약수암/ 52
빗속의 사랑/ 54
밤의 숨결/ 56
먹구름/ 57
빗소리의 노래/ 58

제3부 부채에 마음을 담다/ 59

풀뿌리/ 61
땅을 두드리는 빗소리/ 62
고향의 꽃/ 64
그리운 엄마/ 66
처음 본 너는/ 68
루카스를 위한 노래/ 70
단발의 여유/ 72
출근길 지하철에서/ 74
부채에 마음을 담다/ 76
올림픽공원 잔디마당에서/ 78
퇴근길 지하철 안/ 80
인연/ 82
빗소리의 노래/ 84

제4부 **몸이 보내는 편지**/ 87

향기/ 89
뚝섬 한강 산책길에서/ 90
몸이 보내는 편지/ 92
자연은 왜 통증을 주는가/ 94
당신의 마음은 무엇을 말하고 있나요/ 96
손끝으로 이어지는 길/ 98
걸으며 흔드는 팔/ 100
만세/ 102
나는 오늘도 외출한다/ 104
숨결 닿는 곳/ 106
옆구리/ 108
나는 빛의 통로였습니다/ 110
고개를 든다는 것/ 114
마음의 귀를 여는 일/ 116

맺음말/ 118

제1부 먼 곳에 있는 너에게

봄비

처음 부르는 노래 연주회

깔닥깔닥

쉼표

지하철 급행

거북목

초대

너를 보는 순간

함께라면

먼 곳에 있는 너에게

비아트리스에게

차 한잔

눈부신 하루

봄바람

한들한들
그냥 흔들린다

내맡기고
향기가 바람과 함께
속삭인다
그냥

왜냐고?
바람 부니깐
그냥

처음 부르는 노래 연주회

가슴속 깊은 곳에서
작은 불꽃이 피어난다

아직은 낯선 길 위에서
내 목소리는 떨리고
두 손도 떨리지만

그 떨림은 두려움이 아니라
설렘의 다른 이름임을 안다

비전공자의 노래지만
나는 진심으로 부른다
마음이 닿는 곳까지

첫 음이 울릴 때마다
세상이 조금씩 열리고
내 안의 내가
천천히 빛나기 시작한다

나는 오늘
나만의 노래를 시작한다

깔닥깔닥

성악 레슨을 받는 날
노래를 부를 때
자연스럽게 레가토 하란다

음정도 정확히 하란다
박자도 악보대로 맞추란다
자연스럽게 말하듯이 하란다

숨 짧아 아무 때나 깔닥 또 깔닥

쉼표

노래 부르다
숨 짧아 헉헉

,
쉼표에선
숨도 제대로 못 쉬고 절절

삶도
쉴 때는 쉬어야 하는데
쉬엄쉬엄

지하철 급행

발바닥이
불나게 뛰어 급행 탔다

어느새 꾸벅꾸벅
지나쳐 버렸다

앗
오늘도 실수 투성이

거북목

뭐가 그리도
궁금했을까?

목만
앞으로 뺀다고
더 잘 보이나?

초대

응애
첫울음으로 시작하는 세상
온몸이 자지러지게 깨어난다

발버둥과 주먹을 꽉 쥐고
힘찬 출생을 알린다

온몸이 태양이다
빛에 몸으로
온 우주에 빛을 방사한다

부드럽게 눈꺼풀을 열며
옹알이로 전한다
세상에

초대해 주어 감사하다고
인류의 빛이 되어 보겠노라고

너를 보는 순간

기대와 설레는 아들 여친과의 첫만남
보는 순간 시어머니의 모습
떠오른다
오랫동안 잊고 있었던 얼굴
내 남편의 어머니
준비 없는 가슴의 두근거림
내 나이 60에
내 아들의 여친
진한 연민에 찌릿찌릿하다

자주 뵙지 못했던 미안함
많은 이야기를 나누지 못한 후회스러움
오랫동안 알 수 없었던 그리움
반갑긴 하나 진한 가슴은 저려온다

이제는 가까이 있을 때
할 수 있을 때
반갑다고 사랑한다고
아주 많이 사랑한다고

이제는
내 사랑스러운 손자의 엄마가 된
그 여자에게서 나를 찾아본다

나는 지금 할머니가 되었다고
등을 쓰다듬으며 가슴으로 안는다

너를 만난다
가슴으로 나를 만나본다.
너와 나의 이야기
너를 보는 그 순간

함께라면

우리 모두 살다 보면
어느 날 문득
알 수 없는 그리움이
아련하게 일렁일 때

잊고 있었던
늘 함께 있어서 알지 못했던
늘 내 편이라 느껴왔던 그 손길

그리움이 내 온몸을 감싼다
따스함에 온몸이 발그레하다

라면 중에 가장 맛있는 라면
'함께라면'
따뜻한 국물에 김치도 넣어
시원하고 얼큰하고 구수하다
함께여서 더 맛있다

꼬불꼬불
서로 흔들며
함께
돌돌돌 말아 올려 먹을 수 있어
호로록 호로록 쪼옥
맘이 녹는다
서로 바라볼 수 있기에

함께 살아가는 세상
함께하니 더 좋은 세상
우리가 꿈꾸는 세상 아니겠는가

먼 곳에 있는 너에게

너는 조용히 떠났지
낯선 땅, 낯선 언어 속으로
작은 배낭 하나에 꿈을 담고

나는 걱정과 기도로
매일 밤을 지새웠지만,
너는 그곳에서
사랑을 만나 가정을 꾸리고
이제는 한 아이의 아빠가 되었구나

그토록 어리게만 보였던 너의 손이
이제는 누군가를 지켜주는 손이 되었고
네 이름으로 불리는 가정이 생겼다는 것이
나는 참 믿기지 않지만
마음 깊이 자랑스럽구나

루카스를 품에 안고 웃는 네 얼굴을 볼 때면
멀리서도 전해지는 그 따스함에
내 가슴이 뭉클해진단다

아들아
넌 잘하고 있어
조금 힘들고, 외롭고, 지칠 때도 있겠지만
네가 걸어온 길이
지금의 네 모습이
이미 충분히 아름답단다.

나는 오늘도 이 자리에서
네 이름을 조용히 불러본다
사랑한다, 대환아!
늘 응원해 그곳에서도
네 하늘이 밝게 빛나기를…

*비아트리스에게

사랑의 이름으로
그날, 너의 눈에 처음 들어온 대환은
수많은 사람들 속에서 너의 마음엔
이미 빛나는 에메랄드 후광으로 내려앉았고
그 빛에 이끌려 너는
스스럼없이 사랑을 시작했지

K-드라마 속 달콤한 고백
K-POP의 리듬 속 사랑 노래처럼
너의 마음은 한국어보다 먼저
그의 진심을 알아보았구나

언어를 넘어, 문화까지 넘어
사랑이란 단어 하나로
너는 아내가 되고 어느새
엄마라는 이름도 갖게 되었구나

그리고 지금
작고 눈부신 루카스를 품에 안고
나는 너를 보며 속삭인다

사랑하는 비아트리스
너는 나에게 기적이야
낯선 나라의 이름을 따뜻하게 만들어 주고
내 아들에겐 집이 되어주고
나에겐 '할머니'라는 세상에서
가장 벅찬 이름을 안겨준 사랑 그 자체야

멀리서 바라보아도, 가까이 마주해도
언제나 너는 빛나는 사람이야.
그리고 나는 그 빛이 우리 가족의 중심이 된 것을
진심으로 감사하고 있어
고맙다, 비아트리스

*비아트리스: 작가의 며느리의 이름임. 실제로 부를 때는 줄여서 '비-'라고 함.

차 한잔

보고 싶어서
차 한잔하자 한다

안부가 궁금해서
차 한잔 하자한다

마주하고 싶어서
쟈스민 향이
코앞에서 손짓한다

내 마음인가
너의 윙크인가?

눈부신 하루

아침 햇살은
눈이 부시다
밝고 환한 빛에
가슴을 활짝 연다

정오에 빛나는 따뜻한 마음 담아
찻잔에 맴도는 은은한 커피 향기

밤하늘에 고개 들어 하늘을 본다
달빛과 별빛이 반갑다고
인사를 하듯
영롱히 반짝인다

발걸음 멈춰 서면
시원한 바람 소리
풋풋한 풀 내음
온몸을 감싼다

오늘의 소중함을 느낄 수 있어
풀벌레와 함께 노랠 부른다

제2부 **몸의 노래 바디튜닝**

물결
몸의 노래 바디튜닝
조용한 조율
당신의 몸 당신의 마음
작은 결절, 작은 숨결
비대칭
고개 숙인 나에게
맘의 자유
약수암
빗속의 사랑
밤의 숨결
먹구름
빗소리의 노래

물결

찰랑찰랑 떨린다
서로 어울려

바람이 물을 만나
결을 그리며

물결이 햇빛과 만나
반짝반짝 춤춘다

아침 녘 흐르는 강물
햇살 받아 반짝이고 있다
내 인생도 윤슬 같아라

몸의 노래 바디튜닝

나는 이제야 알겠다
몸도 말을 한다는 것을

굽은 어깨 아래
지친 하루가 숨어 있고
조용한 통증 속엔
말하지 못한 감정이 물들어 있었다

바디튜닝
그건 단순한 움직임이 아니라
내 몸의 숨결을 듣는 일
내 안의 불균형을 사랑으로 바로 잡는 시간
긴장된 근육을 풀고 숨 깊이 들이마실 때
나는 내 안의 나와 다시 손을 맞잡는다

고요한 움직임 속에
나는 차츰 중심을 되찾았고
흩어진 나날들이
한 호흡으로 모여든다

바디튜닝은
몸을 고치는 것이 아니라
내 안의 음악을 다시 조율하는 것

오늘도 나는 나와 마주한다
조심스럽고도 단단하게
더 건강하게, 더 깊게
나답게 살아가기 위해…

조용한 조율

숨을 내쉰다
내 안의 소음이
조용히 가라앉는다

어깨를 느끼고
등을 느끼고
나를 느낀다

바디튜닝
그건 움직임이 아니라
마음의 귀를 여는 일

아프던 곳에
햇살 같은 손길이 닿고
굳어 있던 감정이 풀리듯 흐른다

나는 다시
나와 연결된다
몸과 마음이
하나의 호흡으로 맺어진다

지금, 이 순간
나는 고요하다
나는 살아 있다

당신의 몸 당신의 마음
-바디튜니스트의 손에서 전하는 마음-

당신이 내게 등을 맡길 때,
나는 단지 몸을 보는 것이 아닙니다

그 안에 숨어 있는
하루의 무게,
말하지 못한 감정을
조용히 듣고 싶습니다

굳은 어깨 아래
얼마나 참아왔는지
묵직한 허리엔
어떤 슬픔이 머물러 있었는지
나는 느끼려고 합니다

바디튜닝은
근육을 푸는 일이 아니라
당신의 마음과 조용히 대화하는 일입니다

이 손끝이
단지 치유가 아니라 위로가 되기를
이 공간이 기도와 쉼이 되기를

당신이 되돌아가는 그 순간
몸이 가벼워지는 것보다
마음이 편안해졌다면
나는 오늘도 잘했다 말할 수 있습니다
고맙습니다

작은 결절, 작은 숨결

그곳에
작은 결절 하나가 자리 잡았다고
당신은 오늘 하루
숨도 조심스레 쉬었지요

혹시 아플까
혹시 나쁜 걸까
마음은 조용히
깊은 물 아래로 가라앉고
입맛마저 세상의 색을 잃었지요

하지만,
나는 그 작은 뭉침보다
더 먼저 당신의 두려움을 봅니다
말없이 조심스레
당신을 감싼 긴장과
두려움 속의 고요한 용기를 봅니다

손끝으로 당신을 터치하며
나는 속삭입니다

괜찮아요
당신은 지금도
잘 이겨내고 있어요

이 불안도
결국 지나갈 시간이에요

몸이 말하는 것을
함께 들을 테니,
혼자 두지 않을게요
당신은 지금
치유의 길 위에 있어요

비대칭

거울 앞에 서면
왼쪽과 오른쪽이
조금씩 다르게 서 있다

누군가는 말하겠지
바르지 않다고
고쳐야 한다고

하지만 나는 안다
그 어깨의 기울림엔
삶의 무게가 얹혀 있었고
그 골반의 틀어짐엔
참아온 시간이 깃들어 있다는 걸

비대칭은
부조화가 아니라
내가 살아낸 날들의 흔적이다

지금 나는
그 다름을 이해하려 한다
조용히 부드럽게
너를 다시 맞춰본다

완벽하지 않아도 괜찮아
균형이란 외형이 아니라
내면의 고요에서부터 시작되니깐

고개 숙인 나에게

오늘도 나는
고개를 숙인 채 하루를 살았다
화면을 보며
생각에 잠기며
세상보다 나를 더 눌렀다

목은 일자가 되고
어깨는 앞으로 말리고
시간은 내 자세처럼
조금씩 구부러졌다

누군가는 말한다
자세가 나쁘다고
하지만 나는 안다
이 목엔 견뎌낸 말들이
말없이 버틴 하루하루가
고스란히 매달려 있다는 걸

이제 나는
다시 세워본다
고개를 들고 숨을 내쉬며
나를 가볍게 안아본다

몸이 펴지는 만큼
마음도 피어난다
일자였던 목이 다시 나를 향해
부드럽게 기울기 시작한다

맘의 자유

내 맘 나도 모르게
눈물이 난다

아들과 보이스톡을 마치는데
"엄마 사랑해요"

미국에 공부하러 갔다
가정을 이루고
아빠로, 남편으로, 직장인으로
늘 최선을 다하는 나의 아들

한국에서처럼 살면
미국에선
"잘 살 수밖에 없어요"
환하게 웃는다

왜
이게 짠한지

약수암

4월에 산사는 호젓하다
진달래 개나리 자목련 조팝나무
수줍은 듯 제각각 자기만의 색깔을 드러낸다
나비도 너울너울 날아들고…

약사여래불상이 치유의 약병을 들고는
사랑스런 눈으로 어서 오라고
산신각에는 호랑이를 옆에 거닌
산신이 잠시 쉬었다 가라 한다

주지 스님
산신각 터가 영험하여
서 있다만 가도
아들을 낳는단다

올라올 때 아팠던 무릎도
내려갈 땐 거뜬하게
건강도 회복한다고
꼭 들렀다 가라 한다

빗속의 사랑

창에 부딪히는 빗소리
속삭이듯
조용히 마음을 적신다

우산 하나에 나란히 들었던 날
작은 어깨 내게 기대던 그 순간이
지금도 빗줄기 속에서 살아난다

비는
말없이 흐르지만
너와 나누었던 눈빛은 따뜻하고
지워지지 않는 흔적을 남긴다

사랑은 그렇게 왔다가
빗방울처럼 스며들었고
떠난 뒤에도
오래도록 남아 있다.

오늘도 비가 내린다
네가 없는 이 거리에는
사랑이 흘렀던 그 소리만 남아 있다

밤의 숨결

고요한 숨을 내쉬는 숲
달빛은 나뭇잎에 젖어
은밀한 이야기를 속삭인다

별 하나, 그리고 또 하나, 둘
어둠 속에 피어난 작은 불씨들
내 마음 깊은 곳에 닿는다

하루의 무게는
이 밤에 누워 조용히 풀린다
말없이 등을 토닥이는 바람처럼

누구의 창엔
아직 불이 켜져
잠들지 못한 꿈을 지킨다
밤은 그런 것들을 품어준다

먹구름

감출 게 많아 깜깜하다
우르르 쾅 쾅
요란스럽다

미안한지
냅다 쏟아붓는다
번쩍
우르르 쾅

세상을 밝게 깨우듯
"일어나라 일어나"
이 소리
들리느냐

빗소리의 노래

빗방울이 지붕을 두드리며
가까이 창으로 다가와
세상에 노래를 건넨다

바쁘게 흘러가던 시간도
그 앞에 잠시 멈추고
고요를 배우는 시간

풀잎 위에 부서지는 맑은 음표
마음 한 켠 젖어 드는 기억들
잊었다고 믿었던 이름이
물결처럼 밀려온다

빗소리는 말이 없다
그저 흘러내릴 뿐인데
그 안엔 수많은 말들이 담겨 있다

제3부 부채에 마음을 담다

풀뿌리
땅을 두드리는 빗소리
고향의 꽃
그리운 엄마
처음 본 너는
루카스를 위한 노래
단발의 여유
출근길 지하철에서
부채에 마음을 담다
올림픽 공원 잔디마당에서
퇴근길 지하철 안
인연

풀뿌리

땅을 파 풀들의 뿌리를 뽑다 보면
각각 다른 나무들과 풀들의 뿌리들이
서로 엉켜 있다

냉이의 뿌리와 봄쑥의 뿌리가
라일락의 뿌리와 목련의 뿌리가 서로 엉켜 있다
모든 존재는 독립적이면서도
그 뿌리는 연결 되어 있는 것이다

서로 엉켜 의지하며 가볍게 자유롭게
미소 짓기를

땅을 두드리는 빗소리

하늘에서 내려온 그리움
땅 위에 조용히 입 맞추는 소리
촉촉한 숨결로 나를 감싼다

오랫동안 잊고 있던
기억하나, 추억 한 조각
빗방울이 닿는 순간 살아난다

토닥토닥
또르르
조심스레
누군가의 귓가를 울리는 듯
비는 땅을 품고
땅은 비를 받아 안는다

그 부드러운 부딪힘 속에
말없이 전해지는 위로가 있다
세상은 그렇게
조용히 젖어간다

고향의 꽃

찔레꽃을 찬찬히 들여다본다
결코 볼품없는 꽃도 연약한 꽃도 아니다
온갖 고난과 서러움 속에서도 약해지지 않고
불같은 분노도 하얗게 승화시킨
선한 농부 같은 꽃이다
흰옷 입은 사람들의 꽃이다

찔레꽃은 고향의 꽃이다
고향을 떠나 두고 온 산천을 그리는 사람들에게
봄이 익을 무렵 아련히 떠 오르는 꽃이다

찔레꽃을 가만히 들여다보면
우리네 할머니들이 생각난다
잔잔한 미소가 머물고 있는 듯하다

찔레꽃은
고향의 꽃이기에…
애틋한 어릴 적 이야기를 간직하고 있기에…

그리운 엄마

조용한 바람이
지나간 뒤에도
내 안엔 여전히
당신의 숨결이 머뭅니다

꽃이 피고 지는
모든 계절에도
나에게 베여 있는
그 마음을 품었습니다

세상이 나를 흔들어도
나에겐 늘 고요한 연못이었고
어둠이 찾아와 길을 잃어도
당신의 눈빛은 언제나 나의 북극성입니다

내 마음의 문을 두드린
그 처음의 손길
그 따뜻한 온기가
오늘도 나를 살아가게 합니다

누가 묻거든
누구 닮았냐 하고
나는 조용히 웃으며 말하겠습니다
그 사람은 내 안의 빛
내 하루의 시작과 끝입니다

당신의 무한한 따뜻함으로
나 또한 당신의 온기를 부드럽게 전하려 합니다
늘 고맙고 사랑합니다

처음 본 너는

작은 숨결 하나에
내 세상이 조용히 흔들렸다

햇살처럼 빛나던 너
내 품에 안긴 순간
시간도 발끝으로 걸었다

작은 손가락
나와 마주친 눈빛
이름조차 익숙하지 않은 너는
이미 나의 일부였다

내가 지나온 세월이
한순간에 너를 위한 길이 되었고
내 남은 하루하루가
오로지 너를 위한 기도가 되었다

사랑이란 단어로는
모자랄 것 같아
나는 조심스레 불러보았다
내 새벽
내 기쁨
내 루카스야

*루카스를 위한 노래

먼 나라 하늘 아래
작은 두 발로 세상을 배우는 너
루카스야
꽃보다 고운 네 이름을
나는 매일 마음으로 부른단다

햇살이 너의 이마를 쓰다듬고
바람이 네 웃음을 담아 불어오면
할머니의 마음은
구름 너머 너에게 날아간다

말은 아직 서툴고
걸음은 흔들려도
너의 세상은 무한하고
너의 하루는 반짝이니
두려워 말렴
사랑하는 루카스야

너는 먼 땅에 있어도
나의 기도는
언제나 네 곁에 있단다
작은 손에 꿈을 쥐고
맑은 눈으로
세상을 마주할 너에게
나는 속삭인다

너는 축복이야
작고도 큰 기적이야
언제나 어디서나
나는 너를 응원한단다

*루카스: 작가의 손주 이름임.

단발의 여유

몇 해를 머리를 묶거나 올렸다
한복을 입고 드레스를 입으며
콘서트와 연습
바디튜닝 본업에 집중하랴
바쁜 일상에 정신없이 바람처럼 흘러가던 시간들

그 사이
머리카락은 조용히 자라
무게를 만들고 생각을 눌렀다
며칠 전 문득
머리가 무겁다 느껴진 날
나는 거울 앞에 앉아
긴 시간을 가위질로 잘라냈다

미용사의 손끝에서
가볍게 떨어지는 나의 날들
머리끝에 닿는 공기가 새로웠고
목덜미가 맘껏 웃었다

짧고 단정한 나
낯설게 앳된 얼굴
사람들은 예쁘다, 예쁘다 했다
나는 그 말보다
가벼운 내 마음이 더 좋았다

출근길 지하철에서

바람 같은 사람들
한 치의 틈도 허락하지 않는 플랫폼
구두 끝이 시간과 부딪혀
찰나마다 초침이 튄다

서로를 스치며 밀며
말없이 외치는 "늦었다"
숨결도 휴대폰도 가쁜 걸음에 휘청이고

눈빛은 목적지에 고정된 채
지하철 문이 열리면
마치 경주마처럼
또 다른 터널 속으로 몸을 던진다

바쁨은 이 도시의 언어
뛰는 발끝마다 하루가 시작된다
누가 먼저가 중요한 게 아니라
모두가 어딘가를 향해 가고 있다는 사실만큼은
오늘도 분명하다

부채에 마음을 담다

하얀 부채 위
고요한 여백에
꽃 한 송이 피웁니다
붓끝에 담긴 마음을 따라
살며시 번집니다

나비 한 마리
숨결처럼 가볍게 내려앉아
바람이 닿으면
노래할 듯 조용히 미소 짓지요

묵향은 은은히 퍼지고
시간은 조용히 물들어
단 한 사람을 위한 선물이 되어갑니다

캘리그래피로 적은 짧은 글귀 하나
그대의 여름에도
작은 그늘이 되기를 바라며
나는 오늘, 마음을 부채에 그립니다

올림픽공원 잔디마당에서

푸르른 잔디 건너
햇살이 발끝을 간질이면
아장아장 세상 가장 작은 발걸음이
풀잎 위에 흔적을 남깁니다
뒤뚱뒤뚱 균형을 잡아가며
두 팔을 하늘로 들어 올리고
입가엔 해처럼 환한 미소
눈은 할머니 할아버지 엄마 아빠를 향해 반짝입니다

"보세요, 나 혼자 걸어"

말은 없어도
온몸으로 말하는 그 사랑스러움
우리 마음은 세상에서
가장 포근한 바람 되어 불어옵니다

잔디는 부드럽고
웃음소리는 투명한 종소리처럼
올림픽공원 한낮에 퍼져갑니다

그날의 걸음은 짧았지만
가족이라는 이름 안에서
가장 길고 따뜻한 여정이 시작되었습니다

퇴근길 지하철 안

하루가 저문 어깨 위로
피로가 조용히 내려앉는다
누구도 말하지 않지만
모두의 눈에 저마다의 고단함이 흐른다

손잡이를 잡은 손엔
의지인지, 습관인지 모를 무게가 실리고
무심한 얼굴들 사이로
깊은 한숨이 흐릿하게 맺혀 있다

몸은 지하철에 있지만
마음은 이미 집 앞 골목을 걷고
익숙한 냄비 뚜껑 소리를 떠올린다

지하철은 서로
다른 하루들이 가만히 기대어
조용한 위로를 나누는
작은 피난처 같다

말없이 가는 길
피곤함조차 함께 타고 흘러
집이라는 한 글자에
조금씩 풀려간다

인연

어디선가
이끄는 코끝 향기
연보랏빛 꽃들이 한데 뭉쳐서 살랑인다

가볍게
불어오는 바람에
모두 내맡기고 흔들리듯 춤춘다

아무리
예쁜 꽃이라도
바람에 흔들려야 풍긴다
향기를…

나도 온몸을 느끼며 내맡겨 본다
바람이 전하는 말
살아 숨 쉬고 있음이
오늘에 선물이라는 걸

빗소리의 노래

빗방울이 지붕을 두드리며
가까이 창으로 다가와
세상에 노래를 건넨다

바쁘게 흘러가던 시간도
그 앞에 잠시 멈추고
고요를 배우는 시간

풀잎 위에 부서지는 맑은 음표
마음 한 켠 젖어 드는 기억들
잊었다고 믿었던 이름이
물결처럼 밀려온다

빗소리는 말이 없다
그저 흘러내릴 뿐인데
그 안엔 수많은 말들이 담겨 있다

제4부 몸이 보내는 편지

향기
뚝섬 한강 산책길에서
몸이 보내는 편지
자연은 왜 통증을 주는가
당신의 마음은 무엇을 말하고 있나요
손끝으로 이어지는 길
걸으며 흔드는 팔
만세
나는 오늘도 외출한다
숨결 닿는 곳
옆구리
나는 빛의 통로였습니다
고개를 든다는 것
마음의 귀를 여는 일

향기

꽃잎이 수줍은 듯 조용하다
바람이 다가와
춤추게 한다

흔들려야 향기다
꽃은 진액을 퍼 올린다
반갑다고

스치는 바람은
저 멀리 가고
꽃은 향기로 부른다

뚝섬 한강 산책길에서

물결이 발끝을 부드럽게 스치듯
한강은 오늘도 찰랑이며 말을 건넨다
햇살은 잔잔히 반짝이고
바람은 옆에서 조용히 걸어준다

누군가는 달린다
심장의 북소리처럼 빠르게
누군가는 바퀴 위에서 바람을 가르고
누군가는 강아지와 함께
짧은 걸음을 길게 이어간다

서로 다른 리듬, 다른 호흡
그러나 같은 길 위에서
같은 하늘을 올려다보며
저마다의 하루를 걷는다

한강은 말이 없다
다만 흘러갈 뿐
그 흐름 속에 사람들은
조금씩 속도를 내려놓고
자기만의 시간으로 젖어 든다

뚝섬의 오후는
분주하면서도 평화롭다
다름이 모여
같은 평온을 만들어 간다

몸이 보내는 편지

조용히 귀 기울이면 몸은 속삭입니다
"나를 너무 오래 잊고 있었어요"
조금만
천천히
다시 나를 돌아봐 주세요

통증은 벌이 아니라
신호입니다

당신을 멈추게 하고
자연과 다시 이어지게 하는
작은 손짓입니다

지금
이곳에서
당신은 괜찮습니다

숨을 쉬고
잠시 멈추고
다시 흐르기 시작하면
회복은 이미 시작된 것입니다

자연은 왜 통증을 주는가

자연은 묻지 않습니다
그저 느끼게 할 뿐입니다

몸이 아픈 건
몸이 말하고 있다는 뜻
멈춰 달라고
들어 달라고
속삭이는 순간입니다

통증은 벌이 아니라
신호입니다

너무 오래 참고 있었던 마음의 무게
무심코 넘긴 자세 하나
지나친 성실과 잊고 지낸 숨결이
하나의 언어가 되어
몸을 통해 말하는 것입니다

자연은 말합니다
"이제 나를 좀 바라봐 줘
당신의 몸도, 나의 일부니까"

통증은 고장 난 게 아니라
당신을 다시 당신과 연결하려는
자연의 자연스런 손짓입니다

당신의 마음은 무엇을 말하고 있나요

말하지 않아도 나는 느낍니다

당신의 등 위에 맺힌 긴장
옆구리 속에 숨은 불안
어깨에 내려앉은 무거운 하루

그것은
입술보다
몸이 먼저
말하고 있습니다

나는 치유자가 아니라
귀 기울이는 사람입니다

바디튜니스트라는 이름으로
나는 묻지 않고
묵묵히 듣습니다

그 조용한 울림 속에서
당신의 마음이
이렇게 말하는 듯합니다

괜찮다고 말해 주세요
조금만 더 다독여 주세요
지금, 바로 이 숨
조금만 더 가볍게 쉬고 싶어요

그리고 나는
손끝으로 답합니다

네 여기에 있어요
당신을 향해
마음을 열고 있어요

손끝으로 이어지는 길

아버지는 평생 의사로 살았습니다
병든 몸을 어루만지며
고통에 귀 기울이셨지요

나는 그 길옆에 서서
몸을 터치하고
마음을 들으며
바디튜니스트란 이름의 길을 걸어왔습니다

서른다섯 해
이 길 위에서 나는
한 사람, 또 한 사람의
몸과 마음을 따뜻하게 잇고 있습니다

그리고 지금
내 딸이 내 손끝을 바라봅니다

그녀는 붓을 잠시 내려놓고
다시 손을 펴
사람의 몸을 배우고
그 안의 숨결을 듣고 있습니다
치유는 가슴이 아니라
마음에서 마음으로
손끝에서 손끝으로
흐르는 것임을
그 아이도 알아가고 있습니다

이 길은
내가 만든 길이 아니라
우리 세 사람
함께 이어가는
조용한 생명의 선입니다

걸으며 흔드는 팔

발끝은 대지를 두드리고
몸은 리듬을 타며 움직인다

팔은
자유롭게 흔들리고
바람이 그 사이를 지나간다

한 걸음, 또 한 걸음
내 몸 전체가 노래한다

걸음과 팔짓이 만나
내 안의 기쁨을 춤추게 한다

오늘도 나는 걸으며
작은 바람을 만들어 낸다

만세

두 팔을 높이 들어
하늘을 향해 펼친다

숨결이 손끝까지 닿고
가슴 활짝 열리며

마음은 자유롭게
바람과 춤춘다

만세
나는 지금
모든 걸 품고
모든 걸 내려놓는다

하늘과 땅이
만나고
내 몸이
그 사이에서 빛난다

나는 오늘도 외출한다

나는 오늘도
조용히 문을 열고
세상 속으로 나선다

손에 쥔 시 한 편
마음에 담은 떨림 하나

표현은 아직 서툴러도
내 안의 이야기를
누군가에게 전하고 싶다

바람이 불어와도
발걸음이 흔들려도
나는 오늘도
시를 품고
길을 나선다

작은 소리로
그러나,
분명히
내 안의 빛을
세상에 띄우려 한다

숨결 닿는 곳

옆구리에 손을 얹으면,
굳어 있던 마음이
조용히 녹아내립니다

내 몸의 한쪽 면
왼쪽도 오른쪽도
나를 지탱해 온
조용한 힘입니다

움직이지 않아도
늘 나와 함께 살아 있었습니다

숨 깊게 내쉬고
옆구리에 귀 기울이면
거기 바로 거기에
내 안의 고요한 이야기들이
살며시 들려옵니다

옆구리

나는 몰랐다
내 옆구리에
그토록 많은 감정이
숨어 있는 줄을…

오래 앉아 있던 날엔
삶의 무게가 거기 머물고
혼자 울던 밤엔
서늘한 바람처럼
그곳이 먼저 굳있디

옆구리는 말이 없다
하지만 늘
숨을 따라 움직이고
슬픔을 따라 굳어갔다

나는 이제야
그곳에 손을 얹는다
한 번도 들여다보지 않았던
내 곁, 내 안
고요한 감정의 옆구리를…

그리고 조용히 말한다
"미안해"
나는 네가 아팠던 걸
이제야 알아서
이제
숨처럼 부드럽게 풀어 줄게

나는 빛의 통로였습니다

삼십오 년
나는 그저
손을 얹었을 뿐입니다

누군가는 말했지요
"당신은
신의 손이에요"

하지만
나는 조용히
고개를 숙였습니다
알고 있었으니까요
정말 움직인 건
내가 아니었다는 걸

하늘이 있었고 땅이 있었고
고객의 마음이 있었고 그들 사이를 흐르는
보이지 않는 어떤 울림이 있었습니다

나는 그저
그 울림이 지나가는
조용한 빛의 통로였습니다

굳은 어깨 사이로 자연의 숨결이 지나고
오므라든 가슴 사이로 한 줄기 빛이 흘러갈 때

나는 내 손이 아니라
그 흐름이 지나는
작은 빛의 통로였을 뿐입니다
치유는 내가 하는 일이 아니었습니다

고객의 내면이 열리고
내 마음이 맑아질 때
우주는
그때 비로소 움직였습니다

그리고 지금
육십의 손등 위로
세월이 내려앉았지만

나는 오늘도
그 길 위에 서 있습니다

오늘도
가만히 천천히
한 사람의 몸과 마음을 잇는
따뜻한 통로가 되어

하늘과
땅과
자연과
고객과 그리고 나
우리 모두가 함께
치유의 길을 열어갑니다

작가의 말/ 오늘도 바디튜닝을 허락해 주셔서 감사합니다. 바르게 바디튜닝이 잘되도록 안내해 주십시오. 오롯이 안내를 따르겠습니다.

고개를 든다는 것

오랫동안
앞만 보며 살았다
눈앞에 해야 할 일과
생각을 껴안으며
말하지 못한 마음을
등으로 목으로 눌러 담았다

그렇게 목은
자연스러운 곡선을 잃고
일 자(一 子)처럼 굳어버렸다

누군가는 말한다
자세가 나쁘다고
하지만 나는 안다
이 목 안에는
버틴 시간이 숨 쉬고 있다는 걸

이제는
고개를 들어본다
조금씩, 천천히
하늘을 바라보듯 나를 바라본다

마음의 귀를 여는 일

아프던 곳에
햇살 같은 손길이 닿고
굳어 있던 감정이 풀리듯 흐른다

나는 다시
나와 연결된다
몸과 마음이
하나의 호흡으로 맺어진다

지금,
이 순간
나는 고요하다
나는 살아있다

굽은 몸보다 먼저
마음이 펴져야
진짜 회복이 시작된다는 것을…

맺음말

35년 동안 바디튜니스트로 몸과 소통하며
몸이 들려주는 소리에 귀 기울이고
몸짓과 소리의 진동을 느꼈습니다.

그 모든 시간 속에서 저는 알게 되었습니다.
몸은 하나의 우주이며,
자기 자리에서 제 할 일을 바르게 해 낼 때
모두 불만이 없고 온전히 건강하다는 것을
몸 안에 질서가 깃들면 마음에도 평화가 찾아옵니다.

어릴 적 시골에서 자연과 더불어 살며
봄엔 들에서 봄나물을,
가을엔 단풍잎을 책갈피에 눕히고,
비 오는 날 마당을 두드리던 빗소리에
마음을 물들이며,
하염없이 바라보았던 그 기억들 또한
제 안의 치유와 시의 씨앗이 되었습니다.

이 모든 삶의
조각들을 시라는 언어로 엮어,
조심스레 한 권의 시집으로 담습니다.

진심 어린 지도와 격려로 이 길을 밝혀 주신
대지문학 시인대학의 박종규 교수님께 깊이 감사
드리며, 시인대학에서 시의 숨결을 함께 나눈 선
배님들과 동기 분들께도 따뜻한 마음을 전합니다.

이 시집은 저 혼자의 기록이 아니라
몸과 마음, 자연과 시간, 그리고 사람들과 함께
써 내려간 치유의 노래입니다.
그 노래가 당신에게도, 조용히 스며들기를 바랍니다.

2025년 7월 15일

시인 마리안느 **조 문 숙**

바디튜니스트의 감성시

땅을 두드리는 빗소리

초 판 인 쇄	2025년 07월 20일
초 판 발 행	2025년 07월 24일
지 은 이	조 문 숙
발 행 처	다담출판기획 TEL : 02)701-0680
	서울시 영등포구 영신로30길 14, 2층
편 집 인	박종규
등 록 일	2021년 9월 17일
등 록 번 호	제2021-000156호
I S B N	979-11-93838-53-2 03800
가 격	12,000원

본 책은 지은이의 지적재산이므로 무단전재와 복제를 금합니다.